ARBEITEN IM 21.JAHRHUNDERT

Die 4-Tage-Woche erklärt und umgesetzt

Die im Buch gewählte männliche Form
bezieht sich immer zugleich auf weibliche
und männliche Personen.

Independently published

INHALTSVERZEICHNIS

KAPITEL 1.0

VORWORT

Willkommen liebe Leserin, lieber Leser,

wir leben in einer schnelllebigen und oft turbulenten Zeit. Ständig gibt es Veränderungen, auch solche, die wir nicht immer mitbekommen. Aber die Welt verändert sich schnell und der Mensch verändert sich mit ihr. Konzepte, die früher funktioniert haben, verlieren im Laufe der Zeit ihren Sinn und Zweck. Dennoch gibt es einige Dinge, die mehr Zeit brauchen, um sich zu wandeln als andere. Eines dieser Dinge ist die Arbeitswelt des 21. Jahrhunderts. Die oftmals sehr starren Arbeitszeitmodelle geben einem nicht die Chance, sich selbst zu verwirklichen. Gefangen im Hamsterrad der 40-Stunden-Woche sucht man Erfüllung im Konsum oder in seiner Freizeit.

Dieses Buch soll kein gesellschaftskritisches Werk sein, vielmehr ist es ein Versuch über eine Arbeitswelt zu berichten, die in nicht allzu weit entfernter Zukunft liegt. Dabei nehmen Konzepte wie die 4-Tage-Woche eine immer größere Rolle in der modernen Gesellschaft ein. Diese Ansätze sind sehr interessant, aber eine Umsetzung scheint nur mit einem finanziellen Verlust bei dem Arbeitnehmer und einer Arbeitskraftverlust für den Arbeitgeber einherzugehen.

Die Wirtschaftlichkeit unseres Arbeitssystem lässt es nicht zu, dass ein solches Konzept zur Realität wird. Was für das Kollektiv Gültigkeit hat, gilt aber nicht für den Einzelnen. Jeder hat die Möglichkeit die 4-Tage-Woche zu realisieren. Es liegt also an einem selbst, sich sein Arbeitsmodell nach seinen eigenen Vorstellungen zu formen. So eine Umsetzung zählt zu den Chancen und Möglichkeit die, die Arbeitswelt des 21. Jahrhunderts für jeden bereithält.

Dieses Buch bietet keine eins zu eins Anleitung, wie man die 4-Tage-Woche realisiert. Das braucht es auch nicht. Vielmehr soll der Leser verstehen, warum es wichtig ist, sich mit diesem Thema und mit dem im Buch beschriebene Sachverhalt auseinanderzusetzen. Denn entscheidend für den heutigen und zukünftigen Erfolg ist nicht das Wie, sondern das Warum. Warum mache ich das? Welche Intention verfolge ich?

Dieses Buch vermittelt die absoluten Grundlagen, welche für jede Umsetzung entscheidend sein werden. Selbst die beste Anleitung wird ohne die richtige persönliche Einstellung und dem richtigen Arbeitsethos zwangsläufig nicht funktionieren. In vielen Ratgebern werden Anleitungen präsentiert, wie etwas gemacht werden soll. Die Umsetzung solcher scheitert aber nicht an der Anleitung, sondern an der Verhalten -und Denkweise der Menschen. Dieser Aspekt wird zu oft nicht beachtet, obwohl er der entscheidende Erfolgsfaktor ist.

Die Leute, die verstehen wollen, wie man dem Kreislauf der 40-Stunden-Logik entkommt, und vor allem Warum es entscheidend für den beruflichen Erfolg des 21. Jahrhunderts ist, werden voll auf ihre Kosten kommen, denn genau für diese Menschen wurde dieses Buch geschrieben.

KAPITEL 2.0

WAS IST ARBEIT?

Das Konzept der Arbeit ist ein komplexes und spannendes Thema. Eine Auseinandersetzung mit diesem ist dahingehend sinnvoll, da man dadurch ein besseres Verständnis dafür bekommt, warum wir Menschen überhaupt arbeiten gehen und was „Arbeit“ überhaupt ist. Aufgrund dessen widmet sich das folgende Kapitel der Arbeit und soll dem Leser einen kurzen Einblick in diese Thematik ermöglichen.

KAPITEL 2.1

ARBEIT IM WANDEL DER ZEIT

Der Begriff Arbeit wirkt so selbstverständlich, da dieser im allgemeinen Sprachgebrauch sehr oft verwendet wird, aber von den Leuten nicht genau definiert werden kann. Nicht wenige würden antworten, dass es Zeitverschwendung sei. Der Physiker würde behaupten, es sei die Energie, die man durch eine Kraftausübung auf einen Körper überträgt und ihn so z.B. in Bewegung setzt. So wird beim Aufheben eines Stiftes Arbeit verrichten indem man gegen die Gravitationskraft arbeitet. Andere wiederum sehen die Arbeit als sinnstiftend an. Sie sehen darin eine Möglichkeit, sich selbst zu verwirklichen und ihrem Leben einen Sinn zu geben. Ja, manche sind sogar verliebt in die eigene Arbeit oder ganz versessen in diese.

Es ist deutlich geworden, dass eine genau Definition von „Arbeit“ schwierig ist. In der heutigen Gesellschaft wird Arbeit oft mit etwas Negativen in Verbindung gesetzt. Das ist natürlich ein gesellschaftliches Problem und ist nicht nur ein Problem der Modernen. Denn der Begriff Arbeit lässt sich auch aus dem Altdeutschen ableiten und bedeutet so viel wie „Not“ oder „Mühsal“. Wie anfangs erwähnt, assoziieren viele die Arbeit oder zumindest ihre Arbeit mit etwas Negativem. So ist anzunehmen, dass die Arbeit erst durch die Gesellschaft und nicht vom Einzelnen im Verlauf der Geschichte zudem geworden, was sie Heute ist.

Wir assoziieren Arbeit heutzutage mit Lohnarbeit. Wir arbeiten, um einen entsprechende Geldmenge für die verrichtete Arbeit zu erhalten. Arbeit muss aber nicht bezahlt werden. So hat das Wort Hausarbeit ebenfalls das Wort „Arbeit“ in sich, aber für diese werden wir in der Regel nicht entlohnt, außer wir stellen jemanden ein, der für uns diese Arbeit verrichtet dann wird diese Arbeitskraft für die Hausarbeit bezahlt.

So ist die Arbeit auch keine Erfindung des Menschen, da andere Lebewesen und Tiere ebenfalls Arbeit verrichten. Ob der Tiger bei der Jagd als Jäger oder die Ameise beim Transportieren ihrer Nahrung als Lieferant arbeitet ist nicht wichtig, es wird Arbeit verrichtet unabhängig von der Spezies. Die Kunst des Menschen war, es die Arbeit in verschiedene Konzepte auszubauen, die dann von unserer Gesellschaft dann ausgeführt werden. So gibt es z.B. die Lohnarbeit aber auch die ehrenamtliche Arbeit oder die Schwarzarbeit.

Arbeit gibt es schon seit Menschengedenken. Früher war es ein Mittel, um zu überleben. Man ging auf die Jagd oder betrieb Ackerbau, um so sein eigene Existenz sicherzustellen. Auch das Ausüben eines Handwerks diente nur dazu, sein Leben finanzieren zu können. Mit der Industriellen Revolution wurde die Arbeit schließlich verändert und mit ihr entstand die Lohnarbeit. Die Arbeit diente fortan als Produktionsmittel. Tiere oder menschliche Fähigkeiten wurden durch Maschinen ersetzt, die viel effizienter arbeiten konnten. Die Arbeit wurde organisiert und somit entstanden die Fabriken, die wir bis heute kennen. Die Arbeiter mussten nicht über die größten Fähigkeiten verfügen, um in diesen Fabrikhallen arbeiten zu können. Durch einen Vertrag zwischen ihnen und dem Kapitalisten, der die Produktionsmittel zur Verfügung stellte, verkaufte der Arbeiter seine Zeit, um für seinen Arbeitgeber arbeiten zu können. Da die Arbeiter austauschbar waren, drückte das die Lohnpreise nach unten. Und die arbeitenden Menschen müssten dies akzeptieren, denn Arbeit war hier immer noch ein Mittel, um sein Überleben zu sichern und die Familie zu ernähren. Entweder man bot seine Arbeitskraft an oder man starb. So wurde der Arbeiter zur Ware und wurde dementsprechend behandelt.

Einen Sinn in der Arbeit sahen wohl hier die Wenigsten, darum ging es auch nicht. Es galt sich der Arbeit zu unterwerfen, um einen technischen Fortschritt zu erzielen und den Gewinn zu maximieren.

Arbeiter, die das nicht mitmachten oder konnten, galten nun als arbeitslos und wurden von der Gesellschaft stigmatisiert. Denn die Arbeit hatte schon früher stets etwas mit sozialem Status zu tun. Wobei das Wort „arbeitslos“ bloß ein von Menschen erfundenes Konstrukt ist. Denn ein Mensch ist bis zu seinem Tod nicht arbeitslos. So lange man lebt, arbeitet man. Unser Körper arbeite 24 Stunden am Tag. 365 Tage im Jahr. Würde z.B. unser Herz eine Auszeit von seiner Arbeit machen, dann würden wir sterben. Ein Mensch ohne entlohnende Arbeit nennt man erwerbslos und nicht unbedingt arbeitslos.

So lässt der Mensch die Arbeit durch den stetigen technischen Fortschritt immer effizienter und produktiver werden. Dies wiederum sorgt dafür, dass dadurch Arbeitsplätze wegfallen und somit viele Menschen erwerbslos werden. Das war schon früher so und wird sich auch in Zukunft nicht ändern. Ein Teufelskreis.

Während der Industriellen Revolution entstand ein Konflikt zwischen den Arbeitnehmern und den Arbeitgeber. Dieser Konflikt war unvermeidbar, da die Arbeitsbedingungen zu schlecht und der Lohn zu niedrig waren. Ein wichtiger Faktor, welcher den Arbeitnehmern zugutekam, war die Tatsache, dass die Arbeiter sich in den Fabriken tagtäglich sahen und so ein reger Austausch möglich war. So wurden die ersten Gewerkschaften gegründet und der Kampf um bessere Arbeitsbedingungen und einen fairen Lohn begann und dies mündete schließlich im Arbeitsrecht.

KAPITEL 2.2

ARBEIT AUS HEUTIGER SICHT

Aus heutiger Sicht kann man die Arbeitskräfte nicht mehr nur als austauschbare Ware bezeichnen. Das Arbeitsrecht machte das Arbeiten human und schaffte ein Gleichgewicht zwischen den Arbeitgebern und den Arbeitnehmern. Die Löhne wurden angepasst und den Arbeitern mehr Rechte zugesprochen. Man gab ihnen mehr Möglichkeiten, eine Familie gründen zu können, indem man die Arbeitszeiten anpasste oder man war bei Krankheiten darauf bedacht, dass die Arbeitskraft schnellst möglichst wieder gesund wird. Allgemein wurde die Arbeit viel individueller gestaltet. So wurden verschiedene Arbeitszeitmodelle etabliert und die Arbeiter mussten nicht immer zu einer festen Zeit arbeiten. So verhielt es sich auch mit den Löhnen. Wer mehr leistete oder eine bessere Qualifikation aufwies, wurde auch besser entlohnt.

Was blieb ist die Weisungsgebundenheit. Also das durch den Arbeitsvertrag gegebene Recht vom Arbeitgeber, über die Arbeit des Arbeitnehmern zu bestimmen und diesem Anweisungen zu geben. Also wird vom Arbeitnehmer Gehorsamkeit gekauft. Ohne diese würde der Kapitalismus nicht funktionieren. Deswegen sind heutige Unternehmen immer darauf bedacht, dass es ihren Arbeitskräften gesundheitlich und auch finanziell gut geht. Denn zufriedene Mitarbeiter sind gehorsamer und fügsamer.

So spricht man nicht mehr von Arbeit selbst, da dies oft eine negative Assoziation hervorruft. Man benütz heutzutage das Wort „Beschäftigung". In den Medien wird dieser Begriff öfters im Kontext der

Vollbeschäftigung verwendet. Dabei beschreibt die Beschäftigung, die Arbeit unter der oben bereits erwähnten Weisungsgebundenheit. So sind die meisten in einem Unternehmen beschäftigt.

Im 21. Jahrhundert spielt die Beschäftigung nach wie vor eine wichtige Rolle, nicht nur für die Wirtschaft, sondern auch für den Menschen. Arbeit wird als Last und Pflicht angesehen, aber genauso dient sie noch immer als Grundlage für Ansehen und Wohlstand. Sie spielt also eine wichtige Rolle beim Thema soziale Anerkennung. Es wichtig geworden, sich selbst zu präsentieren. Selbstverwirklichung sucht man im Gegenstück der Arbeit, nämlich der Freizeit. Diese gewann im Laufe der Menschheitsgeschichte immer mehr an Bedeutung. Dabei tritt der Sinn der Arbeit oder die Arbeitsbedingungen in den Hintergrund. Man sieht die Arbeit als Mittel zum Zweck. Eine Notwendigkeit, um seine Konsumschulden und die Freizeit finanzieren zu können. Viele Menschen sehen in der

Freizeit einen neuen Lebenssinn, schließlich wird in unserer Gesellschaft die Freizeit verherrlicht und das Wochenende vergöttert. Ein Trend von der Arbeitsorientierung hin zur Freizeitorientierung ist erkennbar. Der Mensch will sein Leben genießen, anstatt zu arbeiten.

Durch die Fokussierung auf Konsum und Freizeit gelangt der Mensch in einen Strudel, aus dem er nur schwer herausfindet. Man bleibt in seiner aktuellen Beschäftigung gefangen, da man sonst seine Konsumschulden nicht bezahlen kann. So bleibt die Selbstverwirklichung, die man durch ein erfüllende Beschäftigung erlangen könnte, auf der Strecke. Ein Jobwechsel oder eine Weiterbildung kann nicht auf Kosten seines Konsums, seiner Familie oder seiner herrlichen Freizeit in Kauf genommen werden.

So gewinnen Konzepte, wie die 4-Tage-Woche zunehmend an Bedeutung. Denn diese bieten eine Möglichkeit, ein Gleichgewicht zwischen Arbeit und Freizeit zu schaffen. Denn diese sollten nämlich nicht als Gegenstücke betrachtet werden, viel mehr sind es zwei Seiten einer Medaille.

KAPITEL 3.0

ARBEITSZEITMODELLE

In unserer Gesellschaft wird die Arbeit in sogenannte Arbeitszeitmodelle festgelegt, welche einfach darüber entscheiden, wann und für wie lange gearbeitet wird, sprich über die Lage und Verteilung von Arbeitszeit. Diese wird gleichmäßig oder ungleichmäßig auf die Wochentage verteilt und hängt davon ab, in welchem System der Arbeitnehmer sich momentan befindet. Jedes Modell hat seine Vor -und Nachteile für Arbeitnehmer und Arbeitgeber. So ist für die Integration eines Modells entscheidend, dass ein Gleichgewicht zwischen diesen beiden Parteien geschaffen wird und beide Seiten zufrieden sind.

Aufgrund dessen, dass die 4-Tage-Arbeitswoche ebenfalls eines dieser Arbeitszeitmodelle ist, ist es durchaus lohnenswert sich etwas näher mit dieser Thematik auseinander zu setzen.

KAPITEL 3.1

WARUM WIR 5 TAGE IN DER WOCHE ARBEITEN

Von wenigen wird die 5-Tage-Woche nicht hinterfragt. Man könnte meinen, diese sei von Gott gegeben und die Leute richten sich danach. Das ist natürlich völliger Quatsch. Die 5-Tage-Woche nahm ihren Ursprung in den USA. Anfang des 20. Jahrhunderts gab es eine hohe Zahl an jüdischen Arbeitern, die ihre Unzufriedenheit über die damalige 6-Tage-Woche äußerten. Denn dadurch, dass auch am Samstag gearbeitet wurde, störte dies den Sabbat. Dieser soll laut jüdischen Traditionen ein Ruhetag sein und an welche keine Arbeit verrichtet werden darf. Viele Fabriken folgten diesem Ruf, aber wirklich flächendeckend wurde die 5-Tage-Woche erst während der großen Depression in den 1930er Jahren eingeführt.

In Deutschland wurde die 5-Tage-Woche erst vor knapp 60 Jahren eingeführt und das Dank der Bemühungen der Gewerkschafsbewegungen, unter anderem der IG-Metall. Denn bis dahin wurde 48 Stunden gearbeitet und nur der heilige Sonntag war frei. Somit arbeiten wir seit den 1960er Jahren in der Regel 40 Stunden in der Woche. Viele andere Arbeitszeitmodelle sollten schließlich im letzten halben Jahrhundert noch folgen.

KAPITEL 3.2

WANN EIN ARBEITSZEITMODELL RICHTIG FUNKTIONIERT

Ob ein Arbeitszeitmodell funktioniert oder nicht, hängt oft von individuellen Vorlieben oder Bedingungen ab. Für den Arbeitnehmer spielen Faktoren wie Familienverträglichkeit, Gehalt und Gesundheit eine wichtige Rolle. Für den Arbeitgeber natürlich die Wirtschaftlichkeit und die eigene Attraktivität am Arbeitsplatz. Aufgrund dieser Faktoren haben sich viele Arbeitszeitmodelle entwickelt. So gibt es inzwischen Vollzeit, Gleitzeit, Arbeitszeitkonto, Vertrauensarbeitszeit, Home-Office, Teilzeit etc. Jedes Modell hat Vor- und Nachteile. Alle untereinander zu vergleichen würde den Rahmen dieses Buches sprengen, deswegen schauen wir uns im Folgenden die Faktoren an, die erfüllt werden müssen, damit ein Arbeitszeitmodell richtig funktionieren kann.

DAUER UND ZEITPUNKT DER TÄTIGKEIT

Aufgrund der Wirtschaftlichkeit eines Unternehmens kommt es vor, dass nicht alle Arbeitnehmer in Deutschland zur selben Zeit arbeiten gehen. Ebenfalls bewirkte die Globalisierung eine Veränderung der Arbeitszeiten, da diese an die internationalen Partner angepasst wurden. So wird inzwischen nicht nur am Tag, sondern auch bei Nacht gearbeitet. Vor allem das Arbeiten bei Nacht wirken sich nachteilig auf den eigenen Biorhythmus aus, somit sollte wenn möglich bei Tag gearbeitet werden. In vielen Fällen ist dies nicht möglich. Wenn trotzdem nachts oder in Wechselschicht gearbeitet wird, sollte dem Arbeitnehmer genug Pausenzeit zwischen den Schichten eingeräumt werden. Zudem sollten mind. zwei Tage noch besser drei Tage in der

Woche zur Regeneration dienen, um somit langfristig die Gesundheit eines Arbeiters gewährleisten zu können. Pausen können sich vorteilig auf das soziale Leben des Arbeiter auswirken, da dieser genug Zeit bekommt, sich mit seinem sozialen Umfeld auszutauschen. Dadurch wird nicht nur der Trend der Freizeitorientierung gefördert, sondern auch die Gesundheit der Arbeitnehmer.

Dabei hat sich eine tägliche Arbeitszeit von acht Stunden bewährt. Längere Arbeitszeiten wirken sich nachteilig auf die Konzentration, Effektivität und somit auf die Arbeitsproduktivität aus. Wenn länger und intensiver über einen längeren Zeitraum gearbeitet wird, geht das immer auf Kosten der Gesundheit. Somit ist für ein erfolgreiches Arbeitsmodell die Arbeitszeit auf maximal acht Stunden festzulegen, denn damit erzielt man eine höhere Produktivität und Zufriedenheit der Beschäftigten.

GESTALTUNG DER TÄTIGKEIT

Wie wir nun wissen, ist Dauer und Lage der Arbeitszeit sehr wichtig für ein gutes Arbeitszeitmodell. Ebenso wichtig ist die Gestaltung. Darunter versteht man die flexible Einteilung seiner Arbeitszeit, wobei diese keine zu hohe Variabilität haben sollte. Das bedeutet, dass die Arbeitszeit möglichst konstant sein sollte. Der Arbeitnehmer sollte natürlich seine Arbeitszeit selber gut einteilen können, damit er so z.B. seinen Arbeitsweg an die Arbeitszeit anpassen kann. Dabei sollte aber dem Beschäftigten nicht zu viel Spielraum gegeben werden. Es ist nicht von Vorteil, wenn ein Arbeiter vier Tage lange zehn Stunden arbeitet, damit er am fünften Tag frei macht. Da dies sich auf die Arbeitsproduktivität und Gesundheit auswirken kann. Die Arbeitszeit sollte in einem engem Bereich von 8 ± 1 Stunde gehalten werden. Die Freiheit eines Arbeiter, seine Zeit anpassen zu können, sollte man ihm natürlich lassen, da dies für eine erhöhte Flexibilität sorgt. Nur sollte das nicht auf Kosten der Gesundheit oder Wirtschaftlichkeit passieren.

ZUSAMMENFASSUNG

Ein geeignetes Arbeitszeitmodell ist natürlich abhängig von persönlichen Interessen und Neigungen, aber abschließend kann gesagt werden, dass ein ideales Modell eines sein sollte, dass ein Gleichgewicht zwischen Arbeit und Pausen schafft. Das bedeutet, dass im Durschnitt nicht mehr als acht Stunden täglich gearbeitet werden soll und dies vom Arbeitnehmer in einem engen flexiblen Rahmen kontrolliert werden muss. Schwankungen in der Dauer und Lage der Arbeitszeit sollten Ausnahmen und nicht die Regel sein. Ein gutes Arbeitszeitmodell sollte sich an die Wünsche der Beschäftigten orientieren, also flexibel und individuell sein. Die Gestaltung der persönlichen Arbeitszeit nimmt in Zeiten der Freizeitorientierung eine immer wichtigere Rolle ein. Aufgrund dessen ist die 4-Tage-Woche ein spannendes und zukunftweisendes Thema, mit dem wir uns im nächsten Kapitel auseinandersetzen.

KAPITEL 4.0

DIE 4-TAGE-WOCHE ERKLÄRT

Die 4-Tage-Woche ist ein alternatives Arbeitszeitmodell zur 5-Tage-Woche. Man kann es als die Zwischenstufe zwischen Vollzeit und Teilzeit betrachten, da die wöchentliche Arbeitszeit in der Regel weniger als 40 Stunden beträgt, aber mehr als die üblichen 20 Stunden der Teilzeit.

Heutzutage sind drei Herangehensweisen zur Umsetzung der 4-Tage-Woche realisierbar:

- Das wöchentliche Arbeitspensum wird auf vier Tage aufgeteilt und somit wird im Durchschnitt zehn Stunden am Tag gearbeitet.
- Man nimmt Gehaltseinbußen in Kauf und tauscht Geld gegen Freizeit.

- Arbeitgeber führt die 4-Tage-Woche ein und zwar ohne Gehaltsverzicht

Im Folgendem setzen wir uns mit den Vor - und Nachteilen der 4-Tage-Woche auseinander.

KAPITEL 4.1

DIE POSITIVEN ASPEKTE DER 4-TAGE-WOCHE

Der große Vorteile dieses Arbeitszeitmodells ist ganz klar der Zugewinn an Freizeit. Durch die erhöhte freie Zeit bekommt man automatisch mehr Möglichkeiten, Zeit mit Familie, Freunden oder Hobbys zu verbringen. Das fördert das eigene Wohlbefinden, sorgt für mehr Entspannung und soll letztlich zu mehr Gesundheit und einer erhöhten Leistungsfähigkeit beitragen. Diese Aspekte sollen sich dann positiv auf die Arbeitsleistung auswirken und für mehr Motivation und Effizienz am Arbeitsplatz sorgen. Unternehmen, die ein solches Modell eingeführt haben, melden ebenfalls eine erhöhte Produktivität der Beschäftigten und erhöhte Umsätze seit der Einführung der 4-Tage-Woche. Prominentes Beispiel hier für wäre Microsoft, welches in Japan eine 4-

Tage-Woche für einen Monat lang getestet hat und dies für so gut befunden wurde, dass das Projekt sogar verlängert wurden ist.

Man rechnet mit weniger Krankheitsausfälle aufgrund von beruflicher Belastung oder psychischer Erkrankungen. Die Zufriedenheit der Beschäftigten steht also im Fokus der 4-Tage-Woche und soll ein optimale Work-Life-Balance ermöglichen.

Bei der Umsetzung der 4-Tage-Woche geht es darum das Prinzip zu verstehen, dass geleistete Arbeitszeit nicht dasselbe wie effektive Arbeitszeit ist. Entscheidend für den beruflichen Erfolg eines Arbeitnehmers ist nicht seine wöchentliche Arbeitszeit. Viel mehr sind es die wöchentlichen Ziele, die erreicht werden müssen.

Wenn diese Ziele z.B. nach 30 Arbeitsstunden in der Woche erreicht werden, welchen Sinn hat es den Beschäftigten für weitere zehn

Stunden am Arbeitsplatz zu halten? Im ungünstigsten Fall lenk dieser Mitarbeiter aus Langeweile seine Kollegen ab und stört diese bei ihrer eigentlichen Arbeit. Zudem sollten die kognitiven Fähigkeiten ab 25 Arbeitsstunden in der Woche nachlassen. Das bedeutet, dass viel Arbeiten kein Erfolgsfaktor ist. Für gute Resultate bei der Arbeit ist nicht die effektive Arbeitszeit entscheidend, sondern immer die Effizienz.

Nicht wenige Unternehmen können es sich nicht leisten, für einen Tag zu schließen. Das müssten sie auch nicht. Denn durch ausgeklügelte Schichtsysteme ist es möglich diesen Tag zu kompensieren. So kann eine Hälfte der Beschäftigten von Montag bis Donnerstag arbeiten und die andere verteilt auf Dienstag bis Freitag. Damit hat man eine Win-Win-Situation für Arbeitnehmer und Arbeitgeber geschaffen.

KAPITEL 4.2

SCHATTENSEITE DER 4-TAGE-WOCHE

Die in Kapitel 4.0 geschilderten Herangehensweisen sind natürlich nachteilig für den Arbeitnehmer oder Arbeitgeber. Das macht auch die Einführung dieses Arbeitszeitmodelles so schwierig. Es liegt nicht im Interesse des Arbeitnehmers zehn Stunden am Tag zu arbeiten, um dafür einen zusätzlichen freien Tag zu erhalten, da dies sich vor allem nachteilig auf seine Produktivität auswirkt und somit auf die Wirtschaftlichkeit eines Unternehmens. Rechnet man mit einem durchschnittlichen Arbeitsweg von ein bis zwei Stunden beträgt die tägliche Zeit, die für die Arbeit verwendet wird, zwölf Stunden. Somit investiert man die Hälfte des Tages in seine Arbeit. Dennoch sind zwei Drittel der deutschen Arbeitnehmer bereit, für das gleiche Gehalt auch an vier Tagen, ihre zehn Stunden am Tag, zu arbeiten, wenn sie dafür ein verlängertes Wochenende bekommen. Ob das auf Kosten der Gesundheit gemacht wird, gilt es zu diskutieren, da drei Ruhetage in der Woche einem genug Zeit geben könnten, um sich zu entspannen und Energie zu tanken.

Die Einführung der 4-Tage-Woche ohne Gehaltsverzicht hört sich im ersten Moment nach einem verlockendem Angebot an. So häufen sich die Berichte in den Medien darüber, dass bei einer Einführung eines solchen Modells eine deutliche Produktivitätssteigerung der Arbeiternehmer zu erkennen sei und dass der Umsatz des Unternehmens seit der Einführung gestiegen sein soll. Mögliche Gründe für diese erhöhte Produktivität und Effizienz der Beschäftigten ist nicht unbedingt deren gesteigerte Motivation, sondern vielmehr ein Dringlichkeitsgefühl dieselbe Arbeit, die sie davor in fünf Tagen bewältigt haben, in der verkürzten Arbeitszeit zu realisieren. Das bedeutet, dass die Beschäftigten sich einfach mehr anstrengen, aber dafür stressigere Arbeitstage haben. Allgemein kann davon ausgegangen werden, dass die Produktivität bei einer 5-Tage-Woche im Vergleich zu einer 4-Tage-Woche nicht signifikant abnimmt, da 80% der eigentlichen Arbeit zwischen Montag und Donnerstag erledigt wird und der Freitag für viele ein unproduktiver Tag ist, denn die meisten befinden sich gedanklich schon im Wochenende. Eher verläuft der letzte Arbeitstag der Woche spärlich, anstatt fokussiert und konzentriert.

Eine flächendeckende Einführung der 4-Tage-Woche ist schwierig zu realisieren und bleibt eine utopische Vorstellung. Denn so ein Modell, davon ausgehend die Beschäftigten bekommen denselben Lohn, bedeutet quasi eine Lohnerhöhung, da für weniger Arbeitszeit derselbe Betrag auf das Konto überwiesen wird.

Zudem wollen nicht alle auf ihre 40 Stunden Woche verzichten. Viele definieren sich durch ihre Arbeit und arbeiten gerne und lang. Kommt es zu einer Reduzierung der Arbeitszeit, so werden diese Arbeiter im Zweifel auf Nebenjobs ausweichen, um so die zusätzliche Zeit möglichst profitabel zu gestalten. Vor allem, wenn es im Zuge einer flächendeckenden Einführung zu Gehaltsverzicht kommt, werden viele einen Weg suchen, um diesen Geldbetrag wieder reinzuholen. Dies ist nicht unbedingt ihrem Arbeitsethos geschuldet, sondern viel mehr unserer Konsumgesellschaft. Wer Kredite oder andere Rechnungen zu zahlen hat, braucht zwangsläufig auch mehr Geld.

Dass die Unternehmen durch eine Einführung eines solchen Modell zwangsläufig mehr Mitarbeiter einstellen müssen, klingt plausibel. Man kann zwar davon ausgehen, dass die Beschäftigten anfangs noch motiviert sind und ihre Arbeit in kürzerer Zeit erledigen können, aber diese Motivation ist nicht von Dauer. Um auf demselben wirtschaftlichen Niveau zu arbeiten, wie vor der Einführung der 4-Tage-Woche, sind mehr Arbeitskräfte notwendig. Damit wird viel Zeit in die Einarbeitungen und Umstellungen investiert. Ob das von den Unternehmen und Arbeitnehmern gewollt ist, ist zu anzuzweifeln. In Zeiten von Fachkräftemangel und demographischem Wandel wird es schwierig werden, diese fehlenden Arbeitskräfte zu kompensieren. So kann durch Zuwanderung und Digitalisierung viel aufgefangen werden. Je doch ist ungewiss, ob das reichen wird. Dieses Risiko werden wohl die wenigsten Unternehmen eingehen wollen und können.

Ein solches Modell wäre somit nicht auf alle Berufsfelder problemlos anwendbar. Vor allem in Pflegeberufen und sozialen Berufen wäre die Umsetzung schwierig, da hier schon große Engpässe bestehen und überdurchschnittlich viel gearbeitet wird.

KAPITEL 4.3

DIE 4-TAGE-WOCHE ZUSAMMENGEFASST

Bei einer Umsetzung der 4-Tage-Woche verkürzt sich die Arbeitszeit von 40 Stunden auf ca. 32 Arbeitsstunden in der Woche. Damit bekommt der Arbeitnehmer ein 3-Tage-Wochenende. Der Beschäftigte hat nun ausreichend Zeit, sich von der Arbeit zu erholen und genügend Möglichkeiten, sein Wochenende optimal auszunutzen. Dies ist ein wichtiger Aspekt in unserer Wochenendgesellschaft.

Auch Arbeitnehmer, die in Schichtsystemen arbeiten und einen von der Norm abweichenden Arbeitsrhythmus haben, bekommen genug freie Zeit sich zu entspannen. Langfristig wird die Gesundheit und Freizeitorientierung des Menschen gefördert. Dies hat nicht nur Vorteile für den Arbeitnehmer, sondern auch für den Arbeitgeber hat.

Die 4-Tage-Woche hat ihre Vor -und Nachteile. Diese sind abhängig vom Unternehmen selbst und von persönlichen Präferenzen. Die Zahl der Beschäftigten in Deutschland, die auf einen Teil ihres Gehalts verzichten würden, um einen zusätzlichen freien Tag zu erhalten, liegt bei knapp 15%. Das bedeutet, dass die Bereitschaft für eine realistische 4-Tage-Woche gering ist. Damit kann davon ausgegangen werden, dass die Umsetzung in naher Zukunft auf sich warten lässt. Zumindest eine flächendeckende 4-Tage-Woche ist unrealistisch und somit wird sich dieses Modell auf wenige innovative Unternehmen beschränken. Dennoch sollte man die 5-Tage-Woche nicht als ein Naturgesetz betrachten, welches für immer bestand hat. Unternehmen sollten den Mitarbeitern nicht immer die Wahl zwischen mehr Freizeit oder mehr Lohn lassen, sondern über innovative Arbeitszeitmodelle nachdenken. Es gilt, das Potenzial der Mitarbeiter zu erkennen und Bedingungen zu schaffen, in denen das Optimum für beide Seiten herausgeholt werden kann. So können schon kürzere Arbeitstage oder zusätzliche Gestaltungsmöglichkeiten für Beschäftigte hilfreich sein. Unternehmen müssen sich im 21. Jahrhundert mit diesem Thema genauer befassen. Den Trend der Freizeitorientierung gilt es zu erkennen, sonst steht man als Verlierer der modernen Arbeitswelt des 21. Jahrhunderts dar.

Die Hoffnung auf eine flächendeckende 4-Tage-Woche ist gering. Für die Unternehmen ist die Wirtschaftlichkeit der limitierende Faktor. Für die Beschäftigten die möglichen Geldeinbußen. Eine Umsetzung ist aber nicht unmöglich. Es ist entscheidend, sein Schicksal selbst in die Hand zu nehmen und für sich dieses Modell zu realisieren.

KAPITEL 5.0

DIE 4-TAGE-WOCHE UMGESETZT

Dieses Kapitel widmet sich an alle Leute die bereit sind und den nötigen Willen haben, sich vom Konzept der 5-Tage-Woche zu lösen und am Ziel, der Realisierung ihrer 4-Tage-Woche, zu arbeiten. 99% der Leute werden das nicht können, weil sie nicht bereit sind, diesen Preis zu zahlen. Denn um in Zukunft weniger zu arbeiten, muss man erstmal mehr arbeiten. Dieser Weg ist und wird nicht einfach sein, aber man kann nicht vom Staat oder von den Unternehmen erwarten, dass sie einem dem Wunsch auf eine kürzere Arbeitswoche erfüllen werden. Es gilt, es selbst in die Hand zu nehmen.

KAPITEL 5.1

DIE WEGE DER UMSETZUNG

Der einfachste Weg zur Umsetzung ist, dass man seine Arbeitszeit vom Arbeitgeber kürzen lässt und das auf 32 Stunden in der Woche. Diese Option ist aufgrund des Geldverzichtes für viele nicht denkbar, aber genau diese Möglichkeit muss für die Realisierung der 4-Tage-Woche in Betracht gezogen werden. Denn die nun dazu gewonnene Zeit kann man darin investiert werden, um seinen Geldverlust wieder auszugleichen. Klingt unlogisch? Auf den ersten Blick kann dies so wirken, aber schaut man sich die Sache genauer an, wirst du diesen Gedanken verstehen.

Erstmal gilt es herauszufinden, auf wie viel Geld man durch den Wegfall eines Arbeitstages verzichten müsste. Das ist natürlich abhängig vom eigenem Lohnniveau. Ausgehend vom Mindestlohn von 9,19€ (Stand 2019) und einem Wegfall einer monatlichen Arbeitszeit von 32 Stunden (4x8 Wochenstunden), ergibt das ca. 294€. Das ist der Mindestbetrag, auf den man verzichten müsste. Für eine realistischere Darstellung wird ein Betrag von 500 € angenommen. Und genau diesen Betrag gilt es wieder reinzuholen. Dafür ist es natürlich notwendig, dass man mehrere Einkommensströme aufbaut.

Die Umsetzung, ohne auf seinen Vollzeitjob zu verzichten, ist auch problemlos möglich. Dafür muss man härter arbeiten und es wird länger dauern, da man weniger Zeit zur Verfügung hat, als dies bei einer 32-Stunden-Woche der Fall wäre. Wenn man dann den Betrag X durch andere Einkommensströme realisiert hat, so kann man nach Absprache mit seinem Arbeitgeber auf eine 80% Beschäftigung wechseln und hat somit seine 4-Tage-Woche erfolgreich realisiert.

Es gibt also zwei Wege für die Umsetzung dieses Arbeitszeitmodelles. Einen schnellen und einen langsameren. Diese Wege sind natürlich für Leute, die nicht voll im Berufsleben stehen z.B. für Studenten, Schüler oder Leute, die aktuell in Teilzeit arbeiten, noch schneller erreichbar. Sobald diese Personen im Berufsleben stehen und es geschafft haben, ihre Einkommensströme zu maximieren, können sie direkt mit einer 32-Stunden-Woche in den Arbeitsmarkt einsteigen.

Welchen Weg du für dich aussuchst, hängt von deiner Risikobereitschaft ab. Es gibt keine Garantie, dass du es schaffen wirst und dass dein Arbeitgeber dich danach wieder Vollzeit arbeiten lässt. Dessen sollte man sich immer bewusst sein. Deshalb empfehle ich, für die Zeit bis du dir absolut sicher bist, dass du deine Geldquellen erhöhen kannst, auf deine 5-Tage-Woche nicht zu verzichten. Dies ist der sicherste Weg zur Umsetzung der 4-Tage-Woche.

Für Leute, die den schnellen Weg gehen wollen und kein Problem damit haben, dauerhaft auf Geld zu verzichten, können sich gerne auf eine 80% Stelle einstellen lassen.

KAPITEL 5.2

DIE GRUNDLAGEN DER UMSETZUNG

Ein wichtiger Faktor, um sich dauerhaft Einkommensströme aufzubauen, ist Zeit. Man tauscht schließlich auch bei der normalen Beschäftigung Zeit gegen Geld. Wie viel Zeit du wöchentlich für die Umsetzung investieren willst, ist dir überlassen. Je mehr Zeit man investiert, desto früher kann man theoretisch seine Ziele erreichen. Wenn du dein Vorhaben zur Umsetzung der 4-Tage-Woche neben deiner Vollzeitbeschäftigung erledigen willst, dann empfehle ich dir, täglich 90 Minuten in dein Projekt zu investieren und am Wochenende jeweils drei Stunden. Das ist ein Stundensatz von 13,5 Stunden in der Woche. Dies entspricht 648 Stunden im Jahr. Diese Stundenanzahl wiederum bedeuten, dass man vier Monate zusätzlich im Jahr Vollzeit arbeiten tut. Leute, die sich auf 32 Arbeitsstunden kürzen lassen, haben dementsprechend mehr Zeit, da der zusätzliche freie Tag für sein eigenes Vorhaben zur Verfügung stehen kann. Je nach Auslegung können das bis zu zwei Monate Vollzeitjob im Jahr zusätzlich bedeuten. Die Umsetzung kann als Minijob betrachtet werden. Diesbezüglich ist die Frage berechtigt: Warum dann nicht einfach einen normalen Nebenjob annehmen?

Die Frage lässt sich ganz einfach beantworten. Wenn du einen normalen Minijob nachgehen würdest, wärst du wieder im Arbeitnehmerverhältnis und das bedeutet für dich, dass du dich an feste Arbeitszeiten orientieren musst und dein Lohnniveau nur geringfügig steigen kann. So sind die meisten Minijobs auf 450 Euro limitiert.

Konzentrierst du dich darauf deine Einkommensströme zu erhöhen, bist du dein eigener Chef. Du kannst dir deine Arbeitszeiten und die Dauer selber einteilen. Keiner kann dich herumkommandieren. Somit arbeitest du für deine eigenen Ziele und nicht für die von anderen. Zudem bist du nicht auf eine Limitierung deines Einkommen angewiesen. Es ist nach oben offen. Du kannst zwar weniger als bei einem Minijob verdienen, aber auch deutlich mehr als du dir vorstellen kannst.

Die Umsetzung der 4-Tage-Woche ist also eine Sache der Motivation und zeitlichen Verfügbarkeit. Je nach dem, wie viel du davon hast, gelingt dir dein Vorhaben schneller oder langsamer. Sich mit dem Thema der Einkommenssteigerung zu befassen, ist der erste richtige Schritt, um mehr zeitliche Freiheit zu erlangen. Dieses Unterfangen wäre ohne eine konkrete Vorgehensweise oder der richtigen Einstellung wiederum ein Schritt zurück, welcher zum Scheitern verurteilt ist. Das

Erlangen von zeitlicher Freiheit bedeutet, dass man Zeit, welche eigentlich für die Arbeit bestimmt war, in freie Zeit umwandelt. Dies kann dadurch geschehen, dass man auf Geld verzichtet und dieses dafür investiert, sich freie Zeit zu kaufen. So kann man für die anfallenden Hausarbeiten eine Fachkraft einstellen, welche für einen gewissen Geldbetrag diese Arbeit für einen erledigt. Oder man hat so viele Einkommensströme erschlossen, dass z.B. ein Wegfall eines Arbeitstages kein finanzieller Verlust mehr ist, denn dieser wird durch die zusätzlichen Einnahmen kompensiert. Dadurch hat man mehr freie Zeit zur Verfügung.

In dem folgendem Kapitel will ich auf die absoluten Grundlagen eingehen, welche du für die Umsetzung, und das unabhängig von der Einkommensquelle, benötigst. Viele tun sich schwer oder scheitern beim Aufbau von zusätzlichem Einkommen. Diesen Personen fehlt es an folgenden Grundlagen. Sie halten sich an eine x-beliebige Anleitung, in der

Hoffnung, dass es ihnen gelingt. Aber ohne Ressourcen und das richtige Werkzeug bringt auch die beste Anleitung nichts.

ENTWICKLUNG EINER ARBEITSROUTINE

Entscheidend für deinen Erfolg ist, es eine Arbeitsroutine zu entwickeln. Also am besten eine feste Zeit am Tag, in der du dich voll auf dein Vorhaben fokussierst. Dies ist insofern wichtig, da du damit eine Gewohnheit aufbaust. Gewohnheiten können enorm von Bedeutung sein. Überlegst du dir z.B. jeden Morgen, ob du dir die Zähne putzt? Nein, weil es das normalste der Welt für dich ist. Es ist eine Gewohnheit. Du führst diese aus, ohne groß darüber Gedanken zu machen. Diesen Zustand gilt es nun auf dein Vorhaben zu übertragen. Die Gewohnheit einer Arbeitsroutine lässt die eigentliche Arbeit mit einem geringeren Energieaufwand starten und ausführen. Das hat den Grund, dass dein

Gehirn mit dieser Tätigkeit vertraut ist, dementsprechend wird es als Routine angesehen und alles was unter dieser Kategorie fällt, wird vom Gehirn mit einem geringeren Energieverbrauch umgesetzt.

Wann du dir am Tag die Zeit dafür nimmst, an deinen zusätzlichen Einkommensquellen zu arbeiten, ist dir selbst überlassen. Meist ist das eine Sache der Motivation. Ich habe die Erfahrung gemacht, dass es sinnvoll ist, die Zeit vor deiner Hauptarbeit zu investieren. Das bedeutet, du stehst mindestens 90 Minuten früher auf und gehst auch 90 Minuten früher schlafen. Dir wird es eventuell am Anfang schwer fallen, bis du diese Gewohnheiten implementiert hast, aber nach kurzer Zeit wirst du die Vorteile erkennen können. Bei mir fing die Arbeit damals sehr früh an. Deshalb bin ich jeden Morgen um 3:00 Uhr aufgestanden, um mein Vorhaben zum Aufbau von Einkommensströmen umzusetzen. Das hatte den Vorteil, dass ich vor meiner eigentlichen Arbeit schon an meinem Projekt gearbeitet hatte und somit bin ich bereits produktiv in den Arbeitstag gestartet. Es gab mir ein gutes Gefühl, schon etwas geleistet zu haben und nach der Arbeit konnte ich mich dann anderen Dingen widmen, ohne einen Gedanken daran zu verschwenden, dass ich noch an meinen Projekt arbeiten müsste. Zudem ist man nach der Arbeit etwas schlapper als am Morgen. Es erfordert viel mehr Motivation und einen höheren Energieaufwand, sich an sein Projekt zu setzen, als dies am Morgen der Fall wäre. Das soll keine eindeutige Empfehlung sein, eher ein Tipp, wie man seine Arbeitsroutine passend einbauen kann. Jeder hat seinen eigenen Rhythmus und den gilt es für sich herauszufinden. Genauso steht es einem offen, sich immer ab 20 Uhr für ein bis zwei Stunden seinen Vorhaben zu widmen. Es ist einem stets selbst überlassen, wann die optimale Zeit für die Arbeit gekommen ist. Das Wichtigste ist, dass man aktiv etwas dafür tut und das am besten täglich, damit man eine starke Gewohnheit aufbauen kann. Es liegt also in deiner Hand, ob du täglich zwei Stunden vor dem Fernseher sitzt oder an deiner zeitlichen Freiheit arbeitest.

Die richtigen Gewohnheiten sind entscheidend für dein Vorhaben. Sie bringen oft die fehlende Struktur in den Alltag und sorgen für eine gewisse Regelmäßigkeit. Der Mensch ist und war schon immer ein Gewohnheitstier. Unser Gehirn liebt Gewohnheiten. Wenn es möglich ist, dann will es alles routinisieren. Denn wenn etwas zu einer Gewohnheit geworden ist, braucht es einen deutlich geringeren Energieaufwand, diese Tätigkeit auszuführen. Vor allem wenn über die Gewohnheit eine Belohnung assoziiert wird. Damit wird das Prinzip des minimalsten Energieaufwandes betrieben. Man kann es als eine Sucht bezeichnen oder eher als viele kleine Süchte. Leider haben Gewohnheiten nicht nur Vorteile. Viele von ihnen machen uns starr und unflexibel. Man überprüft sein eignes Tun und Denken nicht, obwohl es immer Verbesserungspotential diesbezüglich geben kann. Zudem unterscheidet unser

Gehirn nicht zwischen guten und schlechten Gewohnheiten. Rauchen und zu viel Essen sind z.B. schlechte Gewohnheiten, wohingegen regelmäßig Sport und viel Lesen gute Gewohnheiten sind. Und wird erstmal etwas zur Gewohnheit, so ist diese auch wieder schwer zu ändern. Deshalb ist es wichtig, sich gute Gewohnheiten anzueignen und keine schlechten aufzubauen.

Es gibt zahlreiche gute Gewohnheiten, welche dein Projekt voranbringen können. Eine gute Arbeitsroutine ist eine der wichtigsten Verhaltensgewohnheiten. Aber für deinen langfristigen Erfolg sind deine Denkgewohnheiten ebenso entscheidend. Hast du nicht die richtige Einstellung und Motivation für die Umsetzung deiner zeitlichen Freiheit, dann wird es dir trotz deiner Verhaltensgewohnheiten schwierig fallen, langfristig erfolgreich zu sein. Aufgrund dessen solltest du dir folgende Fragen stellen:

- Kennst du dein Warum?
- Hast du kurzfristige und langfristige Ziele, die dich motivieren?
- Bist du bereit für neue Herausforderungen?
- Wie gehst du mit Rückschlägen und Niederlagen um?
- Investierst du auch Zeit in dich selbst?
- Bist du auch bereit Geld zu verlieren?
- Bist du geduldig?
- Bist du hungrig nach Erfolg?
- Hast du die richtige Leidenschaft für dein Projekt?
- Bist du auch bereit zu scheitern?

Wie du diese Fragen für dich beantwortest, entscheidet über deinen Erfolg oder Misserfolg. Bist du nicht geduldig? Dann lern es. Bist du nicht hungrig nach Erfolg? Dann lern es. Hast du keine Leidenschaft für dein

Vorhaben? Dann entwickle sie. Hast du keine Ziele? Dann mach dir welche und schreib sie auf.

Die Frage nach dem eigenem Warum zu beantworten, ist eine der wichtigsten Fragen, die du dir stellen musst. Die richtige Beantwortung dieser Frage kann für deinen zukünftigen Erfolg entscheidend sein.

Wie stark und richtig sein Warum sein kann, soll folgendes Beispiel darstellen. Der ehemalige U.S. Präsident John F. Kennedy besuchte im Jahr 1962 die NASA, um über den Fortschritt der Apollo-Mission informiert zu werden. Dabei sprach er mit vielen Beschäftigten und fragte, welche Aufgabe und Funktionen diese erfüllten. Er befragte leitende Ingenieure und Wissenschaftler, aber auch eine einfach Reinigungskraft, die zufälligerweise zu diesem Zeitpunkt am Arbeiten war. Die Antwort der Reinigungskraft auf die Frage von Kennedy war ein Ausdruck der Motivation und der richtigen Einstellung in Bezug auf das eigene Warum. Die Antwort dieser einfachen Person war:

Ich helfe dabei, einen Menschen auf dem Mond zu bringen.

Bei so einem starken Warum, wird es nicht an der Motivation scheitern. Baue dir also die richtigen Verhaltens -und Denkgewohnheiten auf, denn diese sind die Säulen für deinen Erfolg.

PRODUKTIVITÄT STEIGERN

Um neben dem Hauptjob zusätzliche Projekte umzusetzen, ist es essenziel wichtig, sich eine starke Gewohnheit zur Produktivitätssteigerung anzugewöhnen. Ohne so eine Gewohnheit wird das Vorhaben vor sich hinvegetieren, ohne klare Struktur und Zielsetzung. Dein Projekt dehnt sich faktisch aus. Es gibt viele Ansätze und Möglichkeiten zur Steigerung der eignen Produktivität und meist ist es eine Kombination aus diesen Möglichkeiten, die dann schließlich für eine Person geeignet sind.

Eine Methode, mit der ich persönlich gute Erfolge erzielen konnte, ist die von Ivy-Lee, welche auch seinen Namen trägt.

Die Funktionsweise ist sehr simpel und genau das macht auch eine Umsetzung so einfach.

1) **Aufgabenbestimmung**

Schreibe dir täglich 6 Aufgaben für den nächsten Tag auf.

2) **Prioritäten**

Diese Aufgaben ordnest du nach ihrer Wichtigkeit (z.B. A, B, C, D, E, F).

3) **Dringlichkeit**

Die Aufgabe ganz oben auf der Liste, also die Aufgabe mit der höchsten Priorität wird zuerst bearbeitet und das ohne Ablenkungen. Das bedeutet keine E-Mails, Facebook oder Smartphone. Um herauszufinden, welche Aufgabe die wichtigste ist, denke darüber nach, welche eine hohe Dringlichkeit hat und dir den meisten Fortschritt bringt. Meist sind das die Aufgaben, die einem am wenigsten zusagen. Es sind aber die unangenehmen Aufgaben, welche meist den größten Mehrwert bieten.

Diese Aufgaben habe ich mit meiner morgigen Arbeitsroutine kombiniert. Ich erledigte die wichtigste und unangenehmste Aufgabe, bevor ich zu meinen Hauptjob gefahren bin. Die Genugtuung, diese Aufgabe am Morgen schon erledigt zu haben, wirkte sich positiv auf meinen ganzen Tag aus.

4) **Überprüfung**

Nachdem du deine erste Aufgabe erledigt hast, überprüfe deine Aufgabenliste nochmals auf ihre Richtigkeit. Möglicherweise haben sich die Prioritäten im Laufe des Tages geändert und machen eine Überarbeitungen deiner Liste notwendig. Dieses Verfahren machst du nach jeder erledigten Aufgabe.

5) **Wiederholung**

Am Abend erstellst du die Aufgabenliste für den nächsten Tag. Aufgaben, die du am Tag nicht geschafft hast, landen automatisch auf der nächsten Liste, falls diese noch hohe

Priorität haben. Genau diese Wiederholung sorgt dafür, dass du eine starke Gewohnheit aufbaust und langfristig deine Produktivität steigern kannst.

Die Vorteile der Ivy-Lee-Methode liegen in ihrer Einfachheit und leichten Umsetzung. Diese Methodik sorgt für einen besseren Fokus durch gezielte Priorisierung, zugleich erhöht sich deine Effizienz, da man an den wichtigen Aufgaben arbeitet und das ohne Ablenkungen. Man macht also die richtigen Dinge auch richtig, anstatt nur die richtigen Dinge zu tun. Sprich, man ist nicht nur effektiv, sondern effizient. Zudem ist eine leichte Organisation durch eine klare Zielsetzung gegeben.

Ein weiterer großer Vorteil dieser Methode, die auf den ersten Blick nicht ersichtlich erscheint, ist, dass die Ivy-Lee-Methode einem dabei helfen kann, sich seine starken Gewohnheiten aufzubauen, indem man genau diese auf seine Aufgabenliste setzt.

Diese Methodik ist also eine Gewohnheit zur Produktivitätssteigerung, die dafür sorgen kann, dass man wiederum andere Gewohnheiten aufbauen kann.

Die Aufgaben oder Ziele, die auf die Liste kommen, müssen sich nicht nur deine Gewohnheiten oder deinem Projekt beziehen. Sie können genauso für andere wichtige Aufgaben in deinem Leben verwendet werden.

Ich empfehle dir, unabhängig von der Aufgabenliste, dir erstmal langfristige Ziele aufzuschreiben. Diese Ziele können ebenfalls alles Mögliche sein, aber natürlich brauchst du auch Ziele für die Umsetzung deiner 4-Tage-Woche. Diese Ziele sollten nicht nur langfristig, sondern auch groß aufgestellt werden. Durch große Ziele wird man gezwungen, sich mehr anstrengen zu müssen, als dies bei kleinen Zielen der Fall wäre. Hast du nur kleine Ziele, dann ist dir auch bewusst, dass du diese auch nur mit

60% deiner Leistung schaffen kannst, und dementsprechend investierst du nur 60% deiner eigentlichen Energie in dieses Ziel. Du entwickelst somit eine falschen Arbeitsethos und zudem eine schlechte Gewohnheit. Also warum 60% investieren, wenn man 100% seiner Energie investieren kann? Je größer das eigene Ziel, desto größer die Selbstmotivation, an diesem zu arbeiten und es zu erreichen.

Diese großen niedergeschriebenen Ziele gilt es nun mit deiner Aufgabenliste zu erreichen. Sie dienen dir als Wegweiser und Tagebuch zugleich. Du unterteilst quasi das große Ziel in kleine Meilensteine, die du auf deinem Weg umsetzt. Das Erreichen von solchen Meilensteinen steigert deine eigene Motivation, da du an diesen siehst, dass dein großes Ziel näher und greifbarer wird.

AKTIVE UND PASSIVE EINKOMMENSSTRÖME VERSTEHEN

Nachdem du berechnet hast, welche Summe an Geld du monatlich zusätzlich einnehmen müsstest, um deine 4-Tage-Woche zu realisieren, geht es nun darum, Wege zu finden diese Summe aufzubauen. Es gibt genau zwei Wege, sich neue Einkommensströme aufzubauen, nämlich aktiv und passiv. Aktiv bedeutet, dass du für deine investierte Zeit, ob jetzt durch körperliche oder geistige Arbeit spielt keine Rolle, entsprechend entlohnt wirst. Also wie bei einem normalen Arbeitnehmerverhältnis. Also wäre z.B. auch ein Minijob eine Form von aktiven Einkommen. Aber wie wir wissen, kommt das nicht in Frage. Passives Einkommen ist investierte Zeit oder auch Geld, das man über einen Zeitraum investiert, mit dem Anspruch, dieses eines Tages zurück gezahlt zu bekommen, aber das nicht nur über eine einmalige Auszahlung, sondern über einen langen Zeitraum, im besten Fall für immer. So ist z.B. ein geschriebenes Buch ein einmaliger zeitlicher Aufwand und der Autor bezieht ein Leben lang seine Tantiemen über den Verkauf dieses Buches, ohne dass er aktiv wieder etwas dafür tun müsste. Der Vorteil ist, dass die erzielte Einnahmen nach oben hin offen sind. Man könnte z.B. 10 Bücher oder 500 am Tag verkaufen. Im Gegensatz dazu, ist das aktive Einkommen zwar konstant, bleibt aber meist auf einem Niveau. Es ist begrenzt auf Gehaltserhöhungen und Beförderungen, aber wenn man nicht entsprechende Qualifikationen mitbringt, dann nützt auch der größte zeitliche Aufwand und Einsatz nichts. Dafür kann man beim passiven Einkommen mit mehr zeitlichen Aufwand auch mehr erreichen.

Beide Einkommensströme kann man Anhand zweier Funktionen abbilden:

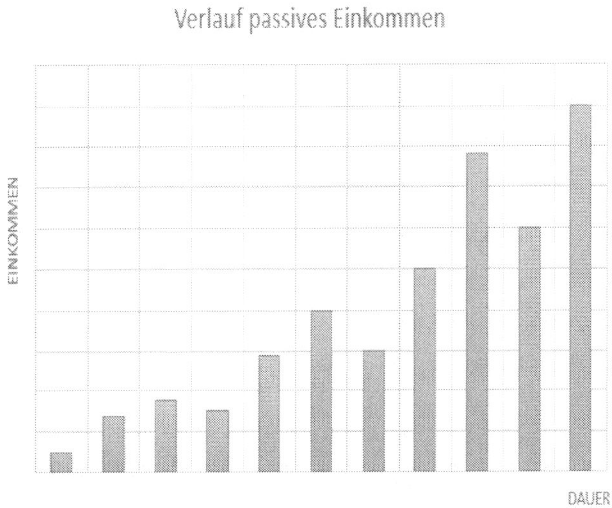
Verlauf passives Einkommen
EINKOMMEN
DAUER

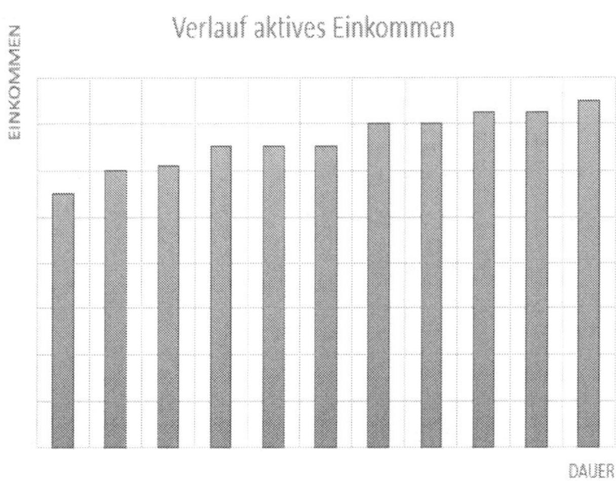
Verlauf aktives Einkommen
EINKOMMEN
DAUER

Wie zu erkennen ist, braucht es beim passiven Einkommen Zeit, bis die geleistete Arbeit auch wirklich entlohnt wird. Aber wenn das ganze zum Rollen gebracht wird, kann es einen schnellen Anstieg erleben. Man spricht auch von einem exponentiellen Wachstum. Gerade am Anfang wirst du viel Zeit und Leistung einbringen müssen. Es wird Monate geben, in denen man einfach nichts verdient. Diese Zeiten werden frustrierend sein, aber das ist auch der Zeitpunkt, an welchem die meisten Leute aufgeben und das ganze Vorhaben für unmöglich halten. Und dort liegt das große Problem. Die Menschen erwarten immer schnellen Erfolg und wenn dieser sich nicht einstellt, ist die Frustration groß. Man bekommt nichts geschenkt, vor allem, um zeitliche Freiheit zu erlangen, muss man entsprechend viel Zeit und Energie investieren, denn Zeit ist das kostbarste auf dieser Welt. In diesen Momenten, in denen nichts zu laufen scheint, gilt es sich dieses Faktes bewusst zu werden. Kenne dein Warum. Ist dieses Warum groß genug, wird es dich durch diese

Zeit tragen. Sind dein Gewohnheiten stark genug, wirst du nicht aufgeben.

Der Verlauf des aktiven Einkommens gleicht einer leicht ansteigenden Gerade. Das Lohnniveau steigt über die Zeit leicht an, muss dies aber auch Inflation bedingt. Dabei bleibt der Anstieg auf einem konstanten Niveau. Größere Sprünge sind unwahrscheinlich, außer man ist selbstständig. Dort kann es sich wie beim passiven Einkommen verhalten. Die Konstanz des aktiven Einkommens gibt dir Sicherheit bei der Umsetzung der 4-Tage-Woche. Auch wenn dein Vorhaben scheitert und du aus den verschiedensten Gründen nicht erfolgreich warst. Hast du wahrscheinlich kein großen finanziellen Verlust gemacht, da du weiterhin in einem Unternehmen beschäftigt warst. Dieses „Risiko" kann und sollte man für seine zeitliche Freiheit eingehen.

Sobald die ersten Einnahmen generiert werden, weißt du, dass deine Umsetzung funktionieren kann. Erwarte aber keine großen Wunder. Dass du z.B. über Nacht die 4-Tage-Woche realisieren kannst, ist unwahrscheinlich. Sei geduldig.

FINANZIELLE BILDUNG

Jeder der Einkommen generiert, ob passive oder aktiv, sollte einen sicheren Umgang mit Finanzen haben und sich am Finanzmarkt beteiligen. Das tun heutzutage aber die Wenigsten. Es werden Ausreden gesucht wie, es sei zu kompliziert oder zu risikoreich. Die Unfähigkeit, finanzielle Verantwortung zu übernehmen, führt dazu, dass man schlechte Entscheidungen oder noch schlimmer gar keine Entscheidungen trifft. So lassen die meisten ihr verdientes Geld auf dem Girokonto oder es werden Kredite aufgenommen, für Sachen, die man in Wirklichkeit gar nicht braucht, weil es an der richtigen Geldbildung mangelt. Aufgrund dessen sollte man sich, wenn man die 4-Tage-Woche umsetzen will, auch mit dem Thema Geld zu investieren und zu vermehren beschäftigen.

#1 Schaffung einer finanzielle Struktur

Der wichtigste Punkt, bevor du dein Vorhaben zur Umsetzung der 4-Tage-Woche starten willst, ist es, dir eine finanzielle Struktur zu schaffen. Das bedeutet, du übernimmst endlich finanzielle Verantwortung für deine Einnahmen und vor allem deine Ausgaben. Zuallererst verschaffe dir ein Überblick über deine Einnahmen und Ausgaben. Dazu zählen Fixkosten wie Strom, Miete, Smartphone, Fitnessmitgliedschaft, Versicherungen etc. und variable Kosten z.B. Lebensmittel und Kleidung. Schätze deine Gesamtkosten erstmal grob ein und notiere dir diese für die nächste Monate. Du wirst erstaunt sein, welche Diskrepanz zwischen Schätzung und Wirklichkeit liegen werden.

Wenn du für die Realisierung der 4-Tage-Woche ein monatliches Einkommen von 500 Euro aufbauen musst, dann kannst du diesen Betrag verkleinern, indem du erkennst hast, welche Ausgaben du wirklich hast und welche gar nicht nötig sind. Kannst du z.B. monatlich 100 Euro einsparen, ohne deinen Lebensstandard drastisch zu senken, dann bist du der Umsetzung ein großes Stück nähergekommen.

Um einen größeren Überblick über deine finanzielle Situation zu bekommen, ist es hilfreich, sich ein ausgeklügeltes Kontosystem aufzubauen. Vor allem wenn man neben seinen aktiven Einkommen eine zusätzliche Einnahmequelle hat, kann es sinnvoll, sein mehrere Konten zu haben.

Die richtige Kontoführung ist immer von der persönlichen Situation abhängig und es gibt kein universelles Modell, das bei jedem funktioniert. Es gibt Menschen, die risikoreicher -oder ärmer mit Geld umgehen.

Und an diese Eigenschaften sollte man seine Kontoführung anpassen. Mit dem folgenden Kontomodell habe ich gute Erfahrungen gemacht, was die Umsetzung der 4-Tage-Woche betrifft.

#2 Das richtige Kontomodell

Ein Trennung der Einkünfte aus passivem und aktivem Einkommen auf zwei separate Konten ist aufgrund der besseren Übersicht sinnvoll. Das folgende Modell, auch 2-2-1-Kontomodell genannt, habe ich für die Umsetzung der 4-Tage-Woche entwickelt.

Die Ausgaben, welche sich aus fixen und variablen Kosten zusammensetzen, dürfen auf dem aktiven Einkommenskonto nicht mehr als 70% betragen. Dieser Prozentsatz ist natürlich flexibel. Bei Menschen, die gut und gerne auf vieles verzichten können, kann der Prozentsatz auch 50% betragen. Die nun zur Verfügung stehenden 30% können für

Investments und langfristigen Vermögensaufbau verwendet werden. Dabei hängt die genau Aufteilung von deiner Risikobereitschaft ab. Je risikoreicher, desto einen höheren Prozentsatz kann man in Investments stecken, anstatt in den Liquiditätsaufbau. Bei der risikoärmeren Version wäre dies genau umgekehrt. Ich investiere 10% meines Nettoeinkommens in den langfristigen Vermögensaufbau. Das können z.B. ein geeignetes Tagesgeldkonto oder auch Staatsanleihen sein.

Die restlichen 20% werden nochmals unterteilt. 10% werden am Finanzmarkt investiert, das können z.B. Investments in ETFs, Aktien, Anleihen oder P2P-Kredite sein. Die Vor -und Nachteile einer geeigneten Investitionsstrategie würden den Rahmen dieses Buches sprengen, daher empfehle ich dem Leser, sich umfassend mit diesem Thema zu befassen. Diese Investitionen dienen natürlich ebenfalls dem Vermögensaufbau, indem ich mein Geld am Finanzmarkt für mich arbeiten lasse.

Dadurch, dass höhere Renditen erzielt werden können als bei einem Tagesgeldkonto, besteht auch ein höheres Risiko, sein Vermögen zu verkleinern oder gar komplett zu verlieren. Die restlichen 10% werden ins passive Einkommen investiert. Denn durch Investitionen aus privatem Kapital kann die Umsetzung der 4-Tage-Woche beschleunigt werden. So kann man Geld direkt in die Umsetzung investieren oder für Weiterbildungen ausgeben, die für den Aufbau deines passiven Einkommensstrom sinnvoll sind.

Die Einnahmen aus dem passiven Einkommenskonto werden ebenfalls aufgeteilt. Passive Einkommensströme sind genauso steuerpflichtig wie aktives Einkommen, deshalb landen ca. 50% davon auf das Sparkonto überwiesen. In der Regel ist jede passive Einkommensquelle steuerpflichtig, außer man liegt unter dem Grundfreibetrag von 9.168 Euro im Jahr (Stand 2019), aber hier greift immer noch die Umsatzsteuerpflicht. Um einen Überblick über seine Finanzen und Steuern zu bekommen, ist es sinnvoll die Hilfe eines Steuerberaters in Anspruch zu nehmen. Denn je nach Tätigkeit und Höhe der erzielten Einnahmen, ob Freiberufler, Gewerbetreibender oder Privatperson unterscheiden sich die Steuerabgaben.

Um nie in finanzielle Nöte zu kommen, werden deshalb 50% der Einnahmen auf dem Sparkonto überwiesen, bis diese für die Steuerabgaben benötigt werden. Optional kann 50% auf das normale aktive Einkommenskonto überwiesen werden, sorgt aber für eine schlechtere Übersicht auf diesem Konto. Zudem führe ich dieses Konto als Notgroschen. Das bedeutet, dass die Höhe des Geldbetrages auf diesem Konto etwa vier Nettomonatsgehältern entspricht. Dies ist ein Sicherheitspuffer, falls außerplanmäßige Kosten entstehen, z.B. Anschaffung einer neuen Waschmaschine oder Reparatur des Autos. Alles über dem Betrag der vier Nettomonatsgehälter wird am Ende des Monats auf das Sparkonto überwiesen. So wird der langfristige Vermögensaufbau gefördert, wenn es Monate gibt, an denen die Ausgaben unterhalb der 70% liegen.

Die nun restlichen 50% des passiven Einkommenskontos werden folgendermaßen aufgeteilt. 20% werden, wie bei dem aktivem Einkommen, in den Finanzmarkt investiert. Die verbleibenden 30% werden direkt in die Umsetzung der 4-Tage-Woche investiert, bis man den Betrag, welchen man für die 4-Tage-Woche benötigt, erzielt hat. Wenn dieses Ziel erreicht ist, kann man über eine Umverteilung des Kontomodells nachdenken.

Das 2-2-1-Kontomodell soll durch folgende Abbildung veranschaulicht werden:

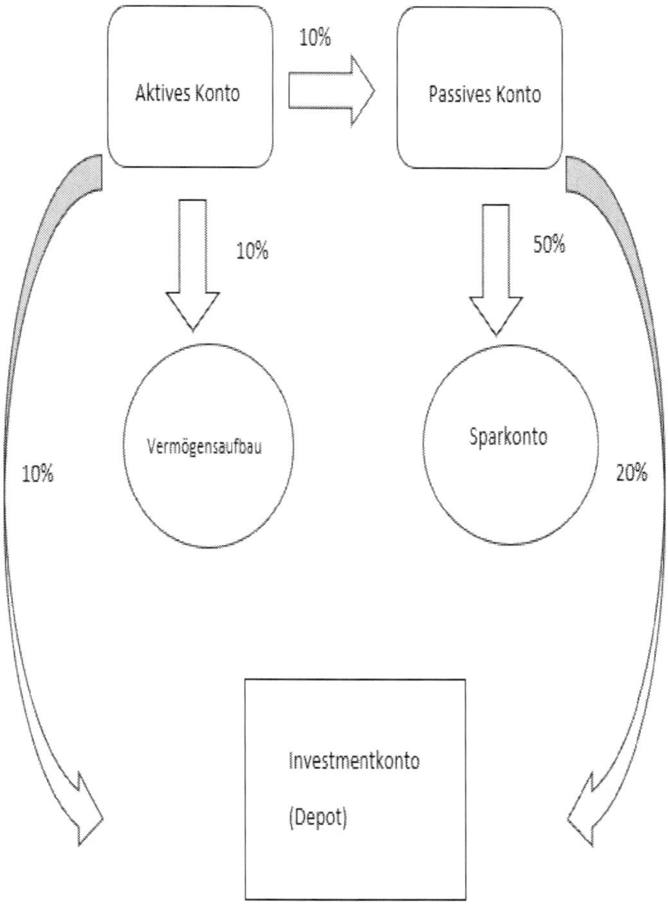
Aktives Konto
10%
Passives Konto
10%
50%
Vermögensaufbau
Sparkonto
10%
20%
Investmentkonto
(Depot)

#3 Werde ein Investor

Wie du schon lesen konntest, investiere ich einen Teil meiner Einnahmen am Finanzmarkt. Das ist auch eine eindeutige Empfehlung an den Leser, sich ebenfalls mit dieser Thematik auseinanderzusetzen und ein Investor zu werden. Aus finanzieller Sicht leben viele in den Tag hinein und machen sich keine Gedanken über ihre Finanzen. Sie leben von Monatsgehalt zu Monatsgehalt und achten darauf, dass sie im besten Fall genauso viele Ausgaben haben wie Einnahmen. Dieses Verhalten ist einer mangelnden Geldbildung und der zunehmenden Konsumgesellschaft geschuldet.

Heutzutage kann es keine Ausreden geben, sich nicht am Finanzmarkt zu beteiligen. Die Digitalisierung hat das Investieren leicht gemacht. Es sind keine Bänker oder Mittelsmänner mehr nötig, sondern es wird problemlos alles online abgewickelt. Diesen

Vorteil sollte man nutzen, denn aufgrund des aktuellen Leitzinses von 0,0% und einer Inflationsrate von 1,1% (Stand 2019) verliert man buchstäblich Geld, wenn man nicht investiert. So hätten einmalig angelegte 10.000€ im Jahr 2010 heutzutage nur noch eine Kaufkraft ca. 8.976€. Um eine inflationsbedingte Verringerung der eigenen Geldmenge entgegenzuwirken, muss die jährlich erzielte Rendite also oberhalb der Inflationsrate liegen.

Das Investieren am Finanzmarkt kann man als zusätzliche passive Einkommensquelle betrachten. Meist reicht ein einmaliger Aufwand beim Eröffnen eines Depot und der Aneignung von Finanzwissen. Das Investieren kann dann voll automatisch ablaufen und der Investor profitiert von der zukünftigen Rendite. Je früher du mit dem Investieren anfängst, desto früher kann dein hart erarbeitetes Geld für dich arbeiten und sich vermehren, anstatt es bei 0% Zinsen auf dem Girokonto zu versauern. Ein weiterer und der wichtigste Grund, warum du anfangen solltest zu investieren, ist der Zinseszins-Effekt. Diesen Begriff sollten alle schon mal gehört haben. Man kennt ihn, aber die wenigsten verstehen seine beeindruckende Macht, denn sonst würden viel mehr Leute investieren. Der Zinseszins-Effekt ist genauso eine Exponentialfunktion, wie es das passive Einkommen ist. Nur ist die Wachstumsrate eine andere. Beim passiven Einkommen hängt diese von deinen einkommensproduzierenden Tätigkeiten ab und beim Zinseszins natürlich vom Zinssatz. Zudem ist die Dauer der wichtigste Hebel beim Zinseszins. Denn erst bei einem langen Anlagehorizont entfaltet sich die Wirkung optimal. Dies verdeutlicht die folgende Tabelle:

Zinssatz	**8%**	**1%**
	Finanzmarkt	Bank
Startkapital	20.000 €	20.000 €
Nach **10** Jahren	43.178 €	22.092 €
Nach **30** Jahren	201.253 €	26.956 €
Nach **50** Jahren	938.032€	32.892 €

Investieren erfordert natürlich Training, aber solltest du auf lange Sicht investieren, dabei spreche ich von einem Investmenthorizont von Jahrzehnten, wirst du am Finanzmarkt gewinnen. Dies ist dem kontinuierlichen Wirtschaftswachstum der Welt geschuldet. Es ist nicht anzunehmen, dass dieses in Zukunft nicht wachsen wird. Über so einen langen Anlagehorizont wird es natürlich auch Zeiten geben, in denen der Kurs nicht optimal für dein Investment verläuft. Das ist völlig normal und nennt sich Konjunktur. Anstatt bei jedem Tief sofort zu verkaufen, solltest du genau diese Kursschwankungen aussitzen und geduldig sein, denn nach jedem Tief kommt auch ein Hoch.

Ein Grund, warum sich so wenige mit dem Investieren und Sparen beschäftigen und das vor allem in der Jugend, ist die Aussage: „Ich lebe nur einmal, deshalb gebe ich auch mein Geld aus". Menschen in der heutigen Zeit assoziieren das Leben mit Konsum. Wer nicht konsumiert, lebt nicht. Dabei wird nicht beachtet, dass Sparen und Investieren die

Lebensqualität signifikant erhöhen kann. Gründe dafür wären:

- Ein finanzielles Polster zu haben, verbessert das eigene Wohlbefinden
- Höhere finanzielle Flexibilität
- Bessere Verzinsung, somit ein besserer Vermögensaufbau
- Man macht sich unabhängiger vom aktivem Einkommen
- Man profitiert in der Rente von seinem aufgebauten Vermögen
- Bei klugem Investieren bekommt man die freie Wahl zum vorzeitigen Ruhestand

Konsumieren bedeutet kurzfristige Befriedigung. Das ist per se nichts Schlechtes, aber wer langfristig glücklich sein will, sollte sich finanziell weiterbilden und die Vorteile des Sparens und Investierens mitnehmen.

KAPITEL 5.3

METHODEN DER UMSETZUNGEN

Es gibt zahlreiche Methoden, wie man sich zusätzliche Einkommensströme aufbauen kann. Welche Möglichkeit für einen selbst die Richtige ist, muss jeder selber herausfinden. Denn was bei dem einen funktioniert, muss nicht zwangsläufig beim anderen genauso klappen.

Dieses Buch ist keine eins zu eins Anleitung, wie man es innerhalb von drei Monaten schafft, 1000€ mit passivem Einkommen zu verdienen. Solche Aussagen hört man zu genüge und meist sind diese irreführend. Der einzige Weg sich zusätzliches Einkommen aufzubauen, ist durch harte Arbeit und der richtigen Einstellung.

Die Methoden zum Aufbau von passivem Einkommen werden grob in Online -und Offlinemethoden unterschieden. Zu den Offlinemethoden zählt z.B. die Vermietung einer Wohnung oder eines Parkplatzes. Hier spielt das eingebrachte Kapital eine große Rolle. Bei viel Privatkapital gibt es viele Möglichkeiten, in Offlinemethoden zu investieren, um so einen hohen passiven Geldstrom aufzubauen. Der Aufwand bei viel Eigenkapital ist meist niedriger, als es bei einer Onlinemethode. Zu diesen Methoden zählt z.B. das Verkaufen eines Onlineproduktes (Kurse, E-Books oder Coaching). Es wird viel Zeit und auch Geld in ein Projekt investiert, welches dann unendlich oft verkauft werden kann. Es ist oftmals ein einmaliger Aufwand, von dem man ein Leben lang profitieren kann. Das Startkapital bei Onlinemethoden ist deutlich niedriger als es bei profitablen Offlinemethoden der Fall ist. So gibt es auch viele Möglichkeiten, ganz ohne Eigenkapital sich ein passiven Einkommensstrom aufzubauen. Beispiele für passive Einkommensquellen findest im Anhang.

SKALIERUNG UND AUTOMATISIERBARKEIT

Der Schlüssel zum Erfolg beim Aufbau von passiven Einkommensquellen ist die Skalierung und Automatisierbarkeit deines Vorhabens. Die Skalierung eines Projektes hat seinen Sinn in der Umsatzsteigerung. Es gibt Möglichkeiten, bei denen du sehr hoch skalieren kannst. Verkaufst du z.B. deine T-Shirt Designs über Amazon, steht es dir offen, ob du 100, 500 oder 5000 Designs hochlädst und je mehr Designs online sind, desto größer die Wahrscheinlichkeit, dass diese auch gekauft werden. Skalierung bedeutet also nicht mehr als, dass du deine einkommensproduzierenden Tätigkeiten weiter erhöhst. Hast du dir das Ziel gesetzt, dass du 500 Euro im Monat zusätzlich verdienen willst, damit du die Realisierung der 4-Tage-Woche schaffst, dann bereitet dir die Skalierung deines Vorhabens den richtigen Weg. Du skalierst dein Projekt solange hoch, bis du dieses finanzielle Ziel erreicht hast.

Dir wird aufgefallen sein, dass die Skalierung deines Projektes im Prinzip bedeutet, dass du auch mehr arbeiten musst. An dieser Stelle spielt die Automatisierbarkeit eine zentrale Rolle. Dank Digitalisierung gibt es zahlreiche Wege, sein Vorhaben zu automatisieren. Das bedeutet, dass du deine Arbeit outsourced solltest. Um auf das T-Shirt Beispiel zurückzukommen, besteht hier die Option, die Designs nicht selber zu machen, sondern diese von Designern erstellen zu lassen, welche du dann wiederum verkaufst. Du reinvestierst z.B. deine erzielten Einnahmen, um so dein Projekt zu automatisieren, bist du dein finanzielles Ziel erreicht hast. Automatisierung macht eine Reduzierung deiner Arbeitszeit möglich.

Diese beiden Faktoren bieten also eine gute Möglichkeit, die 4-Tage-Woche umzusetzen, da zu einen die Möglichkeit besteht, seine Einkommensströme zu steigern und zum anderen seine zeitliche Freiheit Schritt für Schritt zu erhöhen.

KAPITEL 6.0

DIE ZUKUNFT DER ARBEIT

Wenn unsere Kinder erwachsen sind, haben sie wahrscheinlich keinen Job. So könnte nämlich die Zukunft der Arbeit aussehen, wenn man diese überhaupt als solche noch bezeichnen könnte. Den Wandel der Arbeit über Jahrzehnte vorauszusagen, ist kein leichtes Unterfangen, weil viele globale Faktoren, wie technologischer und ökonomischer Fortschritt, Klimawandel, Einwanderung und Digitalisierung, eine große Rolle spielen werden. Je nach dem auf welche Weise und wie schnell sich diese Faktoren entwickeln werden, wird sich auch die Arbeit der Zukunft an deren Entwicklung anpassen. Vor allem der technische

Fortschritt wird dafür sorgen, dass viele Berufsfelder revolutioniert werden können.

Mit der Industriellen Revolution ersetzte man die schwere körperliche Arbeit durch leistungsstarke Maschinen. Dem Menschen blieben noch seine kognitiven Fähigkeiten, welche damals nicht durch Maschinen ersetzt werden konnten. Dies wird sich wahrscheinlich in der Zukunft ändern. Denn heute schon entwickeln wir eine neue intelligente Spezies, die künstliche Intelligenz. Spätestens wenn diese das Sehen, Kommunizieren, Verstehen von Emotionen und das Lernen erlernen können, werden viele Arbeiter ökonomisch unbrauchbar. Das hat die Konsequenz, dass in der Zukunft mit einem Anstieg der globalen Arbeitslosigkeit auf ca. 25 % bis ins Jahr 2050 gerechnet werden kann. Richtig, ein Viertel aller Menschen könnten wahrscheinlich keine Beschäftigung mehr haben.

Dieser Verlust an Arbeitsplätzen wird durch die stetige Automatisierung von Berufsfeldern möglich sein. Viele Berufsgruppen, z.B. LKW-Fahrer, Gabelstaplerfahrer oder Kassierer werden mit einer hohen Wahrscheinlichkeit von geeigneten Systemen ersetzt. Es ist anzunehmen, dass fast kein Berufsfeld von der Automatisierung und Digitalisierung verschont bleiben wird. Denn alles, was automatisierbar ist, wird auch automatisiert. Das ist ein logische Konsequenz, welche dem unaufhaltsamen technologischen und ökonomischen Fortschritt geschuldet ist. Schließlich sorgt die Automatisierung für schnellere, effizientere und kostengünstigere Arbeit, welche eine menschliche Arbeitskraft nicht erbringen kann.

Die Ungewissheit über den zukünftigen Verlauf der Arbeitswelt ist hoch, aber es darf nicht vergessen werden, das Arbeit nicht aufbrauchbar ist. Arbeit ist ein Prozess, welcher stets im Wandel ist. Dieser Wandel kann viele Arbeitsplätze zerstören, aber schafft genauso viele Möglichkeiten und Chancen. Es gab schon immer neue Innovationen und Erfindungen, die zahlreiche Arbeitsplätze gekostet haben, aber diese Prozesse haben genauso dafür gesorgt, dass neue Berufsfelder dazugekommen sind. Das wird sich auch in Zukunft nicht ändern. Genauso kann die künstliche Intelligenz dafür sorgen, dass neue Jobs geschaffen werden, statt mit dem Menschen in Konkurrenz zu treten. Wir sollten mit dieser neuen Technologie in Kooperation zusammenarbeiten, um so eine Synergie zwischen diesen beiden Formen intelligenten Lebens zu schaffen. Die Frage ist nur, ob die neu entstandenen Berufsfelder, den Wegfall von so vielen Arbeitsplätzen ausgleichen können. Entscheidend ist, wie die Menschheit damit umgehen wird. So haben zukünftige Politiker und Unternehmen die wichtige Aufgabe, diesen Wandel an die kommende Arbeitsrealität anzupassen. So könnte das heutzutage dominierende Konzept der Lohnarbeit in naher Zukunft komplett überholt sein. Spätestens bei der Einführung des bedingungslosen

Grundeinkommens wird die Arbeitswelt, falls man diese als solche noch bezeichnen kann, revolutioniert.

Mit dieser Einführung wird mit dem Konzept der Arbeitslosigkeit gebrochen. Durch die Grundsicherung, die ein bedingungsloses Grundeinkommen garantieren soll, ist die Arbeit als Tool der Überlebensabsicherung nicht mehr notwendig. Viel mehr wird es etwas sein, dass wir freiwillig tun werden, um unserem Leben einen Sinn zu geben oder unseren Luxus zu steigern. Von einer Work-Life-Balance kann dann wohl keine Rede mehr sein. Das Konzept der Work-Life-Balance ist lediglich ein Versuch, die Arbeit vom eigentlichen Leben zu trennen. Dieser Ansatz ist bloß eine von Menschen gemachte Illusion, genau wie das Konzept der Arbeitslosigkeit. Arbeit war und ist schon immer Leben gewesen. Wer lebt, der arbeitet. Wer arbeitet, der lebt.

Wenn die Arbeit nicht mehr als Last betrachtet wird, weil wir nicht mehr auf sie angewiesen sein werden, dann wird die Arbeit vielleicht endlich das, was sie schon immer sein sollte, nämlich ein Sinnstifter.

BEDINGUNGSLOSES GRUNDEINKOMMEN

Wie im vorangegangen Abschnitt erwähnt, könnte die Einführung des bedingungslosen Grundeinkommens die Arbeitswelt für immer verändern. So würde jeder Staatsbürger, unabhängig vom Geschlecht und Einkommen die Höhe des aktuellen Existenzminimums jeden Monat auf sein Konto überwiesen bekommen. Viele halten die Etablierung eines solchen Konzepts für eine utopische Vorstellung. Dennoch wird eine Form der Absicherung von Nöten sein. Ob es mit einem bedingungslosen Grundeinkommen oder einer anderen Form passiert, ist nicht wichtig. Wichtig ist es, dass die Menschen in Zeiten von Digitalisierung, künstlicher Intelligenz und demografischen Wandel keine Sorgen um das eigene wirtschaftliche Überleben haben müssen. Es werden zwar durch diese Faktoren neue Jobs geschaffen, aber ob das den Wegfall von alten Jobs kompensieren kann, ist ungewiss. Vor allem mit Fortschreiten der Technologie und deren Komplexität wird es zunehmend schwierig ohne fachliches Wissen einen neuen Beruf zu erlenen. Ungebildete Arbeiter, die zuvor einen Beruf ausgeübt haben, welcher vollautomatisiert wurde, könnten sich nicht ohne Probleme umschulen lassen, da anzunehmen ist, dass in naher Zukunft viele Berufe, die keine hohen Qualifikationen und fachliches Wissen benötigen, automatisiert werden und eine Umschulung einen enormen Aufwand nach sich ziehen könnte. Dies würde einem 28-jährigen Menschen zwar leichter fallen. Aber was wäre mit einem 52-jährigen Familienvater, welcher zuvor 30 Jahre im selben Beruf tätig war?

Die Frage lautet dann:

Was passiert mit diesen Menschen?

Diese Menschen werden keine Minderheit sein, es werden viele sein. Genau diesen Menschen muss man Halt, Sicherheit und Freiraum fürs Leben und Überleben bieten können, vor allem in einem Sozialstaat wie Deutschland. Dies sind die Herausforderungen und Anpassungen des Sozialstaates an die kommenden Gegebenheiten des 21. Jahrhunderts. Bei geschätzter globaler Arbeitslosigkeit von 25 % wird es Unruhen geben. Die Menschen werden Fragen und Forderung haben, denen die Politiker und Unternehmen nachkommen müssen.

Die zukünftige „Arbeitslosenquote" könnte nach Einführung einer finanziellen Grundsicherung zu einem Indikator für die erfolgreiche Automatisierung und einer starken Wirtschaftsmacht werden. Wenn die Menschen nicht mehr von Arbeit abhängig sind, wäre eine hohe Arbeitslosenzahl ein Indiz für eine starke Ökonomie und Automatisierung des Staates. Und somit hätte das Konzept der Arbeitslosigkeit eine neue Bedeutung bekommen.

KAPITEL 6.1

DER ZUKÜNFTIGE ARBEITER

Im vorangegangen Kapitel wurde ersichtlich, dass sich die Arbeit im 21. Jahrhundert drastisch verändern wird und keine Berufsfelder davon verschont bleiben. Veränderungen erfordern Anpassungen. Um nicht als Verlierer der modernen Arbeitswelt dazustehen, muss sich nicht nur der Staat und die Unternehmen wandeln, sondern auch der Arbeiter von morgen.

Es ist anzunehmen, dass das Ende des vorhersehbaren Berufsweges langsam Realität wird. Früher machte man eine Ausbildung und arbeitete meist ein Leben lang für dasselbe Unternehmen. In einer Welt, welche sich ständig im Wandel befindet, wird das in naher Zukunft wahrscheinlich nicht mehr der Fall sein. Mehrfache und häufige Berufswechsel werden absolut normal und gewünscht sein. Und das ist auch das Ende des normalen Angestelltenverhältnisses und somit auch der 5-Tage-Woche. In einer Welt, wo die Arbeit, aufgrund von bedingungslosen Grundeinkommen, einen anderen Wert bekommt, wird es nicht mehr nötig sein, sich an gewisse Arbeitszeitmodelle wie der 40-Stunden-Woche zu halten.

Es ist nicht nur das Ende des Angestelltenverhältnisses, sondern auch der hierarchischen Führungskultur, welche sich allmählich abbauen wird. Denn der Fokus liegt auf dem Arbeiter selbst und seinen Fähigkeiten. Jeder wird seines Glückes Schmied. Und dazu gehört eben ein flexibler und smarter Arbeiter mit einer personalisierten Arbeitsumgebung. Es wird Dank Automatisierung und vor allem Digitalisierung keinen festen Arbeitsplatz mehr geben. Ein Laptop und ein Stromanschluss sind vollkommen ausreichend. Die Arbeit wird dezentral, weltweit und multilokal. Das wird durch den Trend des Home-Office bestätigt, welcher in Zukunft wahrscheinlich zunehmen wird. Die logische Konsequenz daraus ist ein Recht zur freien Wahl des Arbeitsplatzes.

Die wichtigste Entwicklung wird wohl sein, dass Arbeit und Lernen das Fundament für den Arbeiter der Zukunft bilden werden. Einen festgelegten Berufsweg, welchen man sein Leben lang beschreiten wird, scheint ziemlich unwahrscheinlich. Viel mehr wird in Projekten gearbeitet, für welche man bestimmte Fähigkeiten und Kompetenzen braucht. Welche Fähigkeiten und Kompetenzen man benötigt, werden dem stetigen technologischen Fortschritt angepasst. Fähigkeiten, die im Moment wichtig erscheinen, könnten nach ein paar Jahren nicht mehr notwendig sein. So ist der zukünftige Arbeiter bestrebt, sich stets selbst zu aktualisieren und sich persönlich weiterzuentwickeln. Bedarfs- und selbstbestimmtes Lernen wird im Fokus stehen und Menschen, die diese Fähigkeit am besten verstehen und meistern, werden die Gewinner der modernen Arbeitswelt sein.

Wird dieser Trend frühzeitig erkannt, dann wird es nicht unüblich werden, dass bestimmte Kompetenzen und Fächer von Schülern und Studenten selbst bestimmt werden können. Einen allgemeinen Abschluss zu erreichen, wird nicht mehr notwendig sein. Viel wichtiger erscheinen Fähigkeiten wie grundlegende technologische Kompetenzen, Datenanalyse, selbstbestimmtes Lernen und selbstständiges Arbeiten. Um ein grundlegendes Verständnis für die Technologie der Moderne zu bekommen, wird es notwendig sein, dass die Menschen sich mit der Informationstechnik und Algorithmen auskennen, um so den technologischen Wandel nicht komplett hilflos ausgesetzt zu sein. Dies erscheint viel wichtiger als die Interpretation von

Gedichten oder das Lesen von Klassikern des 18. Jahrhunderts im Deutschunterricht.

Es ist somit anzunehmen, dass das komplette Bildungssystem revolutioniert wird bzw. werden muss. Diese Tendenzen lassen sich schon heute erkennen, denn viele Schüler verstehen nicht, warum sie manche Kompetenzen in der Schule lernen, die für ihr späteres Leben keinen Mehrwert bieten. Das große Dilemma des heutigen Schulsystems lässt sich mit folgendem Satz zusammenfassen:

Kinder des 21. Jahrhunderts werden von Erwachsenen des 20. Jahrhunderts unter Verwendung von Techniken des 19. Jahrhundert in einem Kalender des 18. Jahrhunderts unterrichtet.

Die fehlende technologische Bildung wird die Gesellschaft noch weiter spalten. Es wird eine Seite geben, welche mit dem Wandel geht und eine, die diesen nicht versteht. Um diese Lücke nicht zu vergrößern, muss die Politik die richtigen Impulse setzen, und das möglichst schnell. Wird das Bildungssystem und die Arbeitsrealität nicht an die zukünftige Entwicklung angepasst, so droht nicht nur eine hohe Arbeitslosigkeit, sondern auch ein Mangel an gut ausgebildeten Arbeitskräften.

KAPITEL 7.0

SCHLUSSGEDANKE

Am Ende dieses Buches will ich noch ein paar abschließende Wort zum Thema Arbeiten, passive Einkommensströme und 4-Tage-Woche verlieren, denn diese bilden schließlich das Gerüst dieses Buches.

ARBEITEN IM 21. JAHRHUNDERT

Die Arbeit ist ein hochkomplexes Thema und unterliegt einem stetigen Wandel. Die im Buch besprochenen Punkte, welche die Zukunft der Arbeit betreffen, sind Spekulationen und keine Vorhersagen. Wie die Arbeit und das Verhältnis zwischen Mensch und Arbeit sich in Zukunft entwickeln wird, hängt von zu vielen

Faktoren ab, als das man sie genau vorhersagen könnte. Solche Spekulationen basieren nur auf Trends. Dennoch sind die angesprochenen Punkte sehr realitätsnah und sollen dem Leser helfen ein besseres Verständnis über dieses Thema zu bekommen und ihn anregen sich mit damit genauer zu befassen.

Sei es in 5, 15 oder 30 Jahren, die Arbeitswelt wird sich wandeln und es wird viele Veränderungen geben. Die Gewinner der Arbeitswelt werden nach darwinistischem Ansatz diejenigen sein, die sich schon immer am besten anpassen konnten. Themen, wie selbständiges und selbstbestimmtes Lernen sowie kompetentes Wissen über Algorithmen und Informatik scheinen in Zukunft eine wichtige Rolle einzunehmen. Sich mit diesen auseinanderzusetzen oder sogar seinen zukünftigen Berufsweg an ihnen zu orientieren, scheint keine schlechte Überlegung zu sein.

Das sich stetige Verbessern und Optimieren wird wohl eine Schlüsselqualifikation für den zukünftigen beruflichen Erfolg werden. Dahingehend wird das Kaizen-Prinzip, welches aus dem Unternehmertum stammt, eine stärkere Bedeutung bekommen. Kaizen kommt aus dem japanischen und bedeutet, dass man sich zum Besseren verändert. In Unternehmen wird das unter permanente Verbesserungen von Produkten, Tätigkeiten, Abläufen oder Verfahren unter Einbindung der Mitarbeiter verstanden. Dieses Prinzip kann auf die eigene Person übertragen werden. Selbstaktualisierung und persönliche Weiterentwicklung, sich mit seinem selbst und seinem Handeln kritisch auseinanderzusetzen und nach Optimierungspotenzial zu suchen, sorgt für eine stetige Verbesserung der eigenen Person. Viele Menschen bleiben irgendwann an einem bestimmten Zeitpunkt im Leben stehen und hören mit dem Lernen auf. Diese Menschen werden die Verlierer der Arbeitswelt im 21. Jahrhundert sein, denn diese sind es, die sich dem Wandel am schlechtesten anpassen.

DIE 4-TAGE-WOCHE

Diese Thematik wird durch die starke Forcierung der Freizeitorientierung im 21. Jahrhundert zunehmend an Bedeutung gewinnen und wird wahrscheinlich für einen unbestimmten Zeitraum das geläufigste Arbeitszeitmodell sein. Modelle jenseits der 40-Stunden-Logik werden eine große Rolle in der zukünftigen Arbeitswelt spielen. Zwar scheint eine flächendeckende Einführung momentan unwahrscheinlich, da solche Entwicklungen ihre Zeit benötigen.

Die Menschen werden nicht mehr bereit sein, sich an starre Arbeitszeitmodelle zu halten. Der Trend zur flexiblen, sinnhaften Arbeit, welche eine bessere Vereinbarkeit von beruflichen und privaten Interessen ermöglicht, ist nicht aufzuhalten. Für die Ungeduldigen, die die Zukunft jetzt schon zu Realität werden lassen wollen, wurde in diesem Buch eine Methode präsentiert, mit welcher man dieses Vorhaben realisieren kann und das, ohne finanzielle Einbußen hinnehmen zu müssen.

PASSIVE EINKOMMENSSTRÖME

Die Entscheidung, das Thema passive Einkommensströme mit in dieses Buch aufzunehmen, fand ich dahingehend sinnvoll, da es den Leser anregen soll, sich mit alternativen Einkommensgenerierungen auseinanderzusetzen. Die Möglichkeit, sich zusätzliches Einkommen aufzubauen und das unabhängig von seiner Hauptarbeit erfordert viel Disziplin, Lerneifer und Arbeit. Genau das sind die Attribute, welche für die zukünftige Arbeitswelt von Bedeutung sein werden.

Durch das Aufbauen von verschiedenen Einkommensströme wird das selbständige und freiberufliche Arbeiten, welches ebenfalls entscheidend für den Erfolg in der zukünftigen Berufswelt sein wird. Aufgrund dessen ist dieses Buch keine eins zu eins

Anleitung, wie man sich passive Einkommenswege aufbauen kann. Diesen Anspruch hat es nicht und soll es auch nicht haben. Viel mehr werden hier Fähigkeiten vermittelt, die eine Grundlage bilden sollen, um sich überhaupt eine passive Einkommensquelle aufzubauen und das unabhängig von der gewählten Methode.

Wir leben in einer Zeit, in der es noch nie so einfach war, sich unabhängig von seinem Hauptjob etwas aufzubauen. Das Aufbauen und Skalieren von zusätzlichen Einkommensströmen kann so weit ausgebaut werden und die Einnahmen so weit erhöht werden, dass man sich nicht nur die 4-Tage-Woche, sondern auch Teilzeitarbeit ermöglichen kann, und das ohne Gehaltseinbußen. Das könnte man theoretisch sogar soweit vorantrieben, dass man komplett unabhängig von seinem Job wird. Somit hat man die maximale zeitliche Freiheit erreicht. Diese Chancen und Möglichkeiten nicht zu nutzen, ist ein Versäumnis der Arbeitswelt im 21. Jahrhundert.

ANHANG

28 MÖGLICHKEITEN ZUR ZUSÄTZLICHEN EINKOMMENSGENERIERUNG

1) Gewinne aus Aktienhandel

2) Gewinne über Dividenden

3) Verkauf von e-Learning Produkten

4) Vermieten von Immobilien

5) Vermieten von (Flughafen)Parkplätzen

6) Affiliate-Marketing

7) Über Nischenseite

8) Verkauf von T-Shirts (Print-on-Demand)

9) Verkauf von Büchern und E-Books (Print-on-Demand)

10) Amazon FBA

11) Vermietung von Unterkünften (Airbnb)

12) Betreibung eines YouTube-Kanals

13) Sprachtutorials

14) Digitale Marketing Agentur

15) Coaching und Beratung

16) P2P-Kredite

17) Betreiben eines Blogs

18) Stockfotos verkaufen

19) Plugins und Themes entwickeln

20) Dropshipping

21) Vermietung eines Autos

22) App entwickeln

23) Network Marketing

24) Crowd Investing

25) Influencer Marketing

26) Reselling

27) Vermietung von Lagerräumen

28) Beteiligungen an lokalen Geschäften

IMPRESSUM

1. Ausgabe

Datum der Veröffentlichung: 2019

Autor wird durch das Synonym Albert Hartmann vertreten

Ringelbachstraße 156

72762 Reutlingen

Albert.Hartm@outlook.com

Printed in Germany
by Amazon Distribution
GmbH, Leipzig

25598132R00068